AF362415

DE LA LÉGISLATION ET DE LA COMPÉTENCE

EN MATIÈRE

DE COURS D'EAU

PARIS. — IMPRIMÉ CHEZ BONAVENTURE ET DUCESSOIS,
55, QUAI DES GRANDS-AUGUSTINS.

DE LA LÉGISLATION ET DE LA COMPÉTENCE

EN MATIÈRE DE

COURS D'EAU

ET DE LEUR APPLICATION

A LA DÉRIVATION DE LA SOMME-SOUDE

PAR

M. H. DENIZOT

AVOUÉ A CHALONS-SUR-MARNE

In legibus salus.

PARIS

MARESCQ AÎNÉ, LIBRAIRE-ÉDITEUR
RUE SOUFFLOT, 17.

1860

I.—Les conseils du Gouvernement sont saisis d'un projet de loi de dérivation des eaux de la Somme et de la Soude, pour l'assainissement et l'alimentation de la ville de Paris.

D'après le Mémoire présenté par **M.** le **Préfet**, il s'agirait de construire, latéralement à la Somme et à la Soude, des aqueducs destinés, par l'effet d'un drain énergique, à capter une forte partie des eaux de ces deux petites rivières, à les amener aux têtes d'un aqueduc collecteur, courant sur Paris; et, dans le cas où le produit de ces eaux ainsi enlevées ne pourrait suffire pour alimenter l'aqueduc principal, de s'adresser successivement aux sources dites de second ordre, se trouvant aux environs et sur le passage de l'aqueduc marchant vers Paris.

Dans cette hypothèse, des aqueducs de prise d'eau seraient établis latéralement au ruisseau du Mont, à celui du Popelet, affluent de la Somme, puis au ruisseau dit de la Berle, venant des Vertus; au Sourdon qui donne naissance au Cubry, l'un des petits affluents de la Marne aux environs d'Épernay; à la d'Hui; enfin

à la Coole, qui court parallèlement à la Somme-Soude vers la Marne.

Outre les difficultés pratiques, financières, administratives et politiques que ce projet peut soulever, il fait naître plusieurs questions de droit, que nous allons examiner.

II.—Mais d'abord, déterminons en fait les modes d'appropriation des eaux de la Somme et de la Soude sur leur parcours.

La Somme-Soude se jette dans la Marne sur la rive gauche, entre Châlons et Épernay; elle est formée de la réunion de deux cours d'eau. La Somme prend sa source à Somme-Sous. Elle court d'abord à l'ouest, en traversant Haussimont, Vassimont, Lenharrée, Normée, arrive à Écury-le-Repos, y reçoit en passant les eaux du Popelet, se tourne ensuite à l'est, se grossit d'autres sources très-abondantes qui naissent au fond de la même vallée, recueille, entre Clamange et Villeseneux, le ruisseau du Mont, et rencontre la Soude non loin d'une ferme nommée Conflans.

La Soude prend sa source à Soude. Elle court à l'ouest, de même que la Somme, traversant Dammartin-Lettrée, Lettrée, Bussy-Lettrée, où elle se grossit d'autres sources, réunies en groupe au nombre de cinquante, Vatry, Soudron, et vient mêler ses eaux à celles de la Somme à Conflans, pour courir ensemble, sous le nom de Somme-Soude, jusqu'à la Marne, en arrosant Germinon, Velye, Chaintrix, Bierges, Vouzy, Pocancy, Champigneul, Jâlons, Aulnay, Athis, Oiry, Chouilly.

Dans son parcours, qui n'est pas moindre de 70 kilomètres, elle entretient des moulins, des scieries, une papeterie, ensemble 25 usines de la force, en moyenne, de 6 chevaux chacune ; elle offre en outre à l'agriculture de puissantes ressources. Ses eaux servent à l'arrosement de 1,362 hectares de prairies. Elle donne aux vallées qu'elle baigne une fertilité remarquable, et qui fait toute la richesse des populations rurales.

La mise à exécution du projet affecterait donc, non-seulement la richesse agricole du pays, mais elle affecterait encore la richesse industrielle; elle enlèverait totalement, ou du moins en partie, la force hydraulique.

Le même désastre frapperait les vallées parcourues par les ruisseaux du Mont, du Popelet, de la Berle et la d'Hui.

Ces contrées perdraient certainement le plus puissant agent de leur fécondité et de leur richesse.

III.—Chacun des modes d'utilisation de ces nombreux cours d'eau donne lieu à des questions différentes.

Pour faciliter l'examen de ces questions, nous exposerons très-sommairement, dans une première partie, la théorie des eaux courantes.

Nous trouverons, dans cette courte étude, des éléments précieux pour l'appréciation des questions soulevées par le projet.

PREMIÈRE PARTIE

IV.—Les rivières sont soumises à tel ou tel régime, suivant la nature des besoins qu'elles peuvent satisfaire.

Les grands cours d'eau se trouvent placés, par la nature même des choses, dans le Domaine public. En effet, ils sont intimement liés aux intérêts de la société tout entière, soit sous le rapport de l'utilité de tous et du service public, soit sous le rapport de la sûreté et de la salubrité du pays.

Les petites rivières, au contraire, sont la source d'une foule de produits utiles, susceptibles uniquement de tomber dans le Domaine privé. De là, leur classement parmi les choses sur lesquelles s'exerce le Domaine individuel.

Cette classification a des conséquences très-importantes, d'abord quant à tout ce qui concerne les servitudes imposées aux riverains, les autorisations à obtenir du gouvernement pour faire des ouvrages quelconques sur les rivières; et ensuite par rapport à la compétence de l'autorité, qui doit juger les contestations auxquelles donnent naissance les cours d'eau.

V.—La loi romaine reconnaissait, au sujet des eaux,

deux domaines régis par des règles particulières (Dig., lib. 1, § 3, *de Fluminibus*) : *Flumina quædam publica sunt, quædam non publica.* Les rivières non navigables appartenaient aux simples citoyens, et formaient une propriété exclusive. Elles étaient soumises indistinctement aux règles ordinaires de la propriété individuelle (*De Fluminibus*, lib. 1, § 4). *Nihil differt a cæteris locis privatis flumen privatum.* Celles qui appartenaient au public étaient libéralement offertes à tous : *Flumina omnia publica sunt* (Inst., lib, 2, tit. 1, §§ 2 et 4). Au peuple seul appartenaient les fleuves et les rivières. Aucune restriction gênante, aucun obstacle fiscal n'était apporté à l'usage qu'il pouvait en faire : la pêche, le droit de lier les barques au rivage, d'y déposer des fardeaux, etc., étaient des facultés communes. Dans le système romain, point d'octroi de navigation, point de péages ; chacun avait le droit de naviguer librement sur un fleuve, et possédait une action pour faire maintenir ce droit. *Ut in flumine publico navigare liceat* (Dig., lib. 43, tit. 44).

Les facultés de puisage, d'abreuvage, dans une rivière publique, étaient aussi libres, et considérées comme inhérentes à la qualité de citoyen.

Ces principes n'avaient d'autres limites que le devoir pour chacun de ne rien faire qui nuisît à la navigation, changeât le cours des eaux, ou portât préjudice, de quelque manière que ce fût, aux intérêts publics ou privés (Dig., lib. 43, tit. 12). *Ne quid in flumine publico ripâve ejus fiat quo pejus navigatur (Id.*, lib. 43, tit. 15).

L'usage des eaux pour l'avantage de l'agriculture

avait aussi été soigneusement réglé par les législateurs de Rome. (*Codice de servitutibus et aquâ*, lib. **3**, tit. **34**, —Dig., *de Serviprœd. rustic.*, lib. **8**, tit. **3**,— *de Rivis*, tit. **21**,—*de Aqua quotidiana*, lib. **43**, tit. **20**.)

VI.—A la chute de Rome, l'unité de puissance et de nation disparut, et fit germer en France de petites dominations, qui furent d'autant plus despotiques qu'elles s'exerçaient dans des limites plus étroites.

« Ce fut le monde féodal qui, dans l'origine, n'é-
« tait qu'une décentralisation de l'empire romain :

« Au milieu des princes de la féodalité s'élevait le
« roi de France, seigneur féodal au même titre que
« les autres seigneurs, et seulement un peu plus puis-
« sant. Mais tous, rois, ducs, marquis, comtes, vicomtes,
« n'élevèrent leur autorité que sur les débris de l'unité
« impériale; et comme la justice était dans Rome l'un
« des plus hauts attributs de la puissance souveraine,
« la féodalité s'arrogea tout d'abord les droits de haute
« justice, dans toute la circonscription de ses fiefs. »

Ces droits de haute justice avaient pour accessoires indispensables la police et la conservation des choses publiques et communes. C'est ainsi que toutes les rivières, grandes, petites, navigables ou non, furent, suivant plusieurs auteurs et publicistes, soumises à la juridiction féodale.

« Usurpatrice dans son principe, la féodalité pour-
« suivit avec fermeté la réalisation complète du système
« d'usurpation auquel elle devait son existence poli-
« tique et sa fortune; tantôt par ses luttes avec la
« royauté, tantôt par la faveur ou la faiblesse des rois,

« elle transforma insensiblement les droits de justice
« et de surintendance, qu'elle avait sur les rivières, en
« droit de propriété. »

Jusqu'à Hugues Capet, les bénéfices de dignité et
les bénéfices fiscaux étaient viagers, de sorte que les
possesseurs n'avaient que le produit utile; ils n'étaient
en quelque sorte qu'usufruitiers.

Mais Hugues Capet.rendit tous les bénéfices patrimo-
niaux et héréditaires. De bénéfices, ils devinrent fiefs;
il donna, par cette mesure, au régime féodal une base
telle qu'il fallut toute l'énergie de la Révolution fran-
çaise pour la détruire. (V. Guizot, *Hist. de la Civil.*,
t. II et t. IV; — Michelet, *Hist. de France*, t. Ier; —
Boissieu, *de l'Usage des Fiefs*, ch. xxxvii, 60; — Loiseau,
Traité des Seigneuries, ch. xii; — Loysel, *Instructions
coutumières*, liv. II, tit. ii, art. 6).

Mais à mesure que la puissance et avec elle l'action
centralisatrice des rois augmentaient, on reconnaissait
la nécessité, dans l'intérêt général du pays, de faire
cesser le système de domination que les seigneurs
exerçaient sur les eaux.

VII.—Les premiers efforts tentés par les souverains
de France, pour faire rentrer sous leur empire et sous
leur action de police et de surveillance tous les fleuves
et rivières, datent de l'ordonnance de 1543, rendue par
François Ier. Cette ordonnance attribua au grand maître
des eaux et forêts « pouvoir de juridiction sur les eaux
« et rivières des prélats, princes, communautés, gen-
« tilshommes et autres sujets. »

Cette première ordonnance fut comme le prélude du

célèbre édit de février 1566 sur les grands domaines, et qui fut l'œuvre du chancelier de L'Hôpital.

Cet édit pose en principe, dans son article 1er, l'inaliénabilité des grands domaines, et maintient, par son article 3, les aliénations antérieures du Domaine de la couronne.

Les effets de ce principe nouveau de l'inaliénabilité se trouvèrent, il est vrai, restreints par un second édit de 1566. Cet édit créa ce qu'on appela alors le petit domaine, et fit rentrer dans ce petit domaine les fleuves, les rivières navigables qui, par là, restaient encore susceptibles de concessions irrévocables. — (V. aussi édit de 1708, *Dict.* de Bosquet, v° DOMAINE, § 1er, n° 1, p. 427).

Plus tard, l'ordonnance de 1669 vint constituer notre droit public en ce qui concerne les cours d'eau.

Par son art. 41, tit. 27, cette ordonnance maintint les particuliers dans les droits de pêche, moulins, bois et autres usages qu'ils peuvent avoir dans les rivières navigables par titre ou possession valables.

Par son art. 43, elle ordonna « que ceux qui avaient « fait bâtir des moulins, écluses et vannes, gords et « autres édifices dans l'étendue des fleuves et rivières « navigables et flottables, sans en avoir obtenu la per- « mission, seraient tenus de les démolir à leurs dé- « pens. »

Cette ordonnance fut confirmée par l'édit d'avril 1683 qui insista sur la distinction entre les concessions anté-rieures à 1566 et les concessions postérieures, et maintint expressément les premières.

VIII.—Les principes nouveaux, renfermés dans ces édits et ordonnances, ne produisirent pas tous leurs effets. Leur application aux droits et usages des particuliers rencontra des difficultés insurmontables. On tint peu compte des distinctions et prohibitions établies, concernant l'inaliénabilité du domaine de la couronne.

Mais le principe était posé ; il ne tarda pas à être développé et mis dans tout son jour par les publicistes et les jurisconsultes de cette époque. On le retrouve nettement formulé dans les remontrances faites au roi par le parlement de Bordeaux, à la date du 30 juin 1786.

« La mer, les rivières, leurs rivages, y est-il dit, ne
« sont point une véritable propriété dans la main du
« souverain, mais plutôt un dépôt qui lui a été confié
« de la chose commune ou publique, pour la conser-
« ver, pour la protéger, pour la rendre plus utile à tous
« les sujets. On ne saurait donc les regarder comme
« un objet qui fasse partie du Domaine. Si le roi jouit
« des droits utiles que l'eau procure, c'est pour le
« prix des dépenses nécessaires à la conservation des
« fleuves et des rivières, et de la protection sans la-
« quelle la navigation ne saurait exister. »

IX.—L'Assemblée nationale s'empara de cette distinction si clairement établie entre les droits de propriété privée et ceux de propriété publique. Elle la consacra de la façon la plus explicite par ses décrets des 22 novembre, 1er décembre 1790, 28 septembre-6 octobre 1791, dont les dispositions ont été à peu près littéralement reproduites dans notre article 538 du Code Napoléon. Comme sanction première de ce principe, la même Assemblée prescrivit des mesures à prendre pour affranchir immédiatement les cours d'eau des anciennes usurpations, et pour les protéger contre les entreprises qui pourraient se manifester. Ce fut l'objet spécial des lois des 28 septembre —6 octobre 1791, art. 15 et 16, tit. ii, sur la *police rurale*, et que complète un arrêté du Directoire du 19 ventôse, an VI.

X.—Ainsi s'est terminé, au profit du Domaine public, la lutte entreprise pour restituer les cours d'eau au libre usage du commerce et de l'industrie.

Ce que la royauté avait essayé en faveur du pouvoir suprême, la Révolution de 89 le consomma dans l'intérêt général. Les droits féodaux firent retour à ceux sur lesquels ils avaient été usurpés.

Ces droits, ainsi que nous l'avons vu, s'étendaient aussi bien sur les cours d'eau navigables et flottables que sur les cours d'eau non navigables ni flottables.

XI.—Les cours d'eau se divisent en deux classes, rivières navigables et flottables, rivières non navigables ni flottables.

Cette classification est fondée, ainsi que nous l'avons dit plus haut, sur la nature même des choses. Il nous faut voir maintenant comment, depuis 1789, le législateur a réglé l'usage des droits sur ces différents cours d'eau.

XII.—Les rivières navigables et flottables sont des dépendances du Domaine public.

Les grands cours d'eau, que Pascal appelle *des chemins qui marchent,* QUASI CURSORES, semblent destinés naturellement à être une voie de communication entre les hommes, et à devenir le moteur de l'industrie, l'élément essentiel du commerce.

Leur assimilation aux grandes routes, comme voies de communication, les a fait soumettre en grande partie aux règles établies en matière de grande voierie. A l'administration seule appartient le droit de déterminer le point où commence leur navigabilité, l'étendue et la limite du lit des fleuves.

De la dominialité des cours d'eau, il résulte d'importantes conséquences :

Ainsi toutes les dépenses d'entretien, de curage, etc., sont à la charge du gouvernement (loi du 14 floréal, an XI), (Daviel, n° 272).

Les riverains ne peuvent fouiller dans le lit des cours d'eau pour en extraire du sable et des pierres (Denizart, v° RIV.; —Chardin, n° 48, *Cont. Cotelle*, t. III, p. 544).

L'art. 44, du titre 27, ord. 1669, dispose en outre qu'il est « défendu à toutes personnes de détourner « l'eau des rivières navigables et flottables, d'en affaiblir « le cours par tranchées, fossés, canaux, de faire « aucune plantation dans l'étendue nécessaire pour le « marche-pied, ni d'avoir des carrières à moins de six « toises de la rive. » (V. aussi art. 42, tit. 27, ord. 1669 ; loi, 12-20 août 1790.)

Les riverains peuvent, dans certains cas, solliciter des autorisations du gouvernement ; mais ces autorisations ne comportent jamais ni cession de propriété, ni constitution de servitude, et ne sont réputées faites que conditionnellement.

Une circulaire du 16 novembre 1834 détermine les formalités à suivre pour ces cas. Cette autorisation est même nécessaire pour de simples réparations (Ord. 13 nivôse an V ; 19 ventôse an VI, art. 6 ; 16 septembre 1807, art. 33 ; ord. Conseil d'État, 23 janvier 1820, 23 octobre 1835, 11 février 1836, 27 mai 1837, 7 février 1837 et 26 novembre 1839 ; Devil. vol. 1843, 2,428 et la note.)

Les rivières flottables sont assimilées par la loi aux rivières navigables (art. 538, 560, 650, C. N.). Elles dépendent donc du Domaine public, et sont dès lors soumises à toutes les règles qui concernent ce Domaine.

XIII. — Cependant il y a une distinction à faire : il existe deux espèces de flottage ; le flottage par trains et radeaux, le flottage à bûches perdues.

Les rivières simplement flottables à bûches perdues ne sont pas considérées comme faisant partie du Domaine public ; la jurisprudence et la doctrine sont d'accord à cet égard (Garnier, t. I, p. 22 ; Daviel ; p. 144 ; avis Cons. d'État ; 21 février 1822 ; loi du 15 avril 1829).

Celles flottables en trains sont du Domaine public. Cela ressort de l'art. 3, tit. 1er de l'ord. de 1669 ; de l'art. 23 du tit, 3 ; des art. 42, 43 et 44 du tit. 27 de la même ord. ; d'une ordonnance du Conseil d'État du 30 mai 1821.

Si la distinction n'existe pas dans le Code civil, elle

subsiste dans toutes les lois qui ont eu rapport à cette espèce de cours d'eau.

Le flottage n'est pas de droit commun, il ne peut être exercé sur un ruisseau par cela seul que le cours d'eau est susceptible d'y être assujetti ; c'est à l'autorité administrative à concéder ce droit et à en régler les conditions. (Colmar, 6 février 1839.)

XIV. — Cependant Proudhon (*du Domaine public,* n° 1198) soutient que le flottage n'étant qu'un mode de jouir de l'eau courante qui est *res nullius,* il est permis à chacun de l'employer. La loi des 25 et 28 août 1792 semble favoriser ce système.

Mais, s'il est vrai que l'*aqua profluens* est laissée dans le domaine de tous, son usage ne peut avoir lieu qu'à la condition impérative de ne porter aucune atteinte à autrui.

Des lois de police règlent la manière d'en jouir. (Ord. 1672, ch. 2, art. 6, et ch. 17, art. 11 et 12, 16-24 août 1790, 28 septembre-6 octobre 1791 ; et 14 floréal an XI).

Toutes ces lois ont mis à la charge de l'administration l'obligation « de rechercher et d'indiquer les moyens
« de procurer le libre cours des eaux ; d'empêcher
« que les prairies ne soient submergées par la trop
« grande élévation des écluses des moulins, et par les
« autres ouvrages établis sur les rivières ; de diriger
« enfin, autant qu'il est possible, toutes les eaux de
« chaque territoire vers un but d'utilité générale, d'a-
« près les principes de l'irrigation ; de déterminer, en
« conséquence, la hauteur des déversoirs des moulins

2

« et autres semblables établissements, de manière que
« les eaux ne nuisent à personne. »

Ainsi, comme haute tutrice des intérêts généraux,
l'administration peut seule déterminer quelles sont les
rivières flottables, et le genre de flottage dont elles sont
susceptibles ; afin de ne rien laisser à l'arbitraire, ou
au caprice des individus, elle seule a un pouvoir souverain pour opérer cette classification.

XV. — La deuxième classe de cours d'eau comprend
les rivières non navigables ni flottables. Leur étude
doit nous préoccuper plus spécialement, parce qu'elle
touche de très-près à celle que nécessite l'examen des
questions soulevées par le projet. Nous entrerons donc
dans quelques développements.

XVI. — La propriété de ces cours d'eau divise depuis
longtemps les auteurs et la jurisprudence. Il existe
deux systèmes principaux.

Les uns attribuent cette propriété aux riverains, les
autres soutiennent qu'elle n'appartient à personne, et
que les eaux et leur lit sont choses communes.

On conçoit tout l'intérêt que cette question présente.
Les droits des individus peuvent se trouver compléte-
ment modifiés, selon que l'on décidera que ces cours
d'eau doivent ou non être rangés dans le Domaine
privé.

XVII. — Disons seulement un mot de l'état de cette
question.

Le droit romain offre des textes très-positifs en faveur de la propriété des riverains. (L. 4, *in fine*, et L. 6,
Dig., *Finium regund ;* — L. 1, § 3, de *Fluminibus ;*

L. 1, § 7, *de Fluminibus;* lib. 43, tit. 12 ; L. 2,
ff. *Portio agri videtur aqua viva.*)

Il est à remarquer qu'il a servi de règle en cette matière à la législation allemande. Cette législation reconnaît aux riverains la propriété de ces cours d'eau, sous
la restriction exigée, bien entendu, par leurs droits réciproques, et par la police générale des eaux.

Locré (*Esprit des lois*), Malleville (*Analyse raisonnée
de la discussion du Code civil*), Touillier (t. 3, p. 26),
pensent que l'art. 714 ne s'applique qu'aux seuls cours
d'eau navigables et flottables. Regardant les autres
comme rentrant dans les propriétés privées, Locré
s'exprime à cet égard d'une manière formelle (t. 7,
p. 92) :

« Les rivières non flottables ou navigables ne peuvent
« servir qu'à *des usages privés.....* aux usines, à l'ir
« rigation, à l'agrément; elles ne se *prétent pas à l'uti-*
« *lité générale;* la masse du public n'en peut pas tirer
« avantage. » (*Junge* Proudhon, t. 3, n° 857, *D. pub.;*
Marcadé, t. 2, art. 644-645; Zacharie, t. 1, p. 352.)

Pothier (*D. de propr.*, n° 53), de son côté, déclare
ces cours d'eau *dominii privati.* « A l'égard des rivières
« non navigables, elles appartiennent aux différents
« particuliers qui sont fondés en titre ou en possession
« pour s'en dire propriétaires dans l'étendue portée
« par leurs titres ou leur possession. Celles qui n'ap
« partiennent pas à des particuliers propriétaires ap
« partiennent aux seigneurs hauts justiciers, dans le
« territoire desquels elles coulent. (V. Loyseau, *Traité*
« *des seigneuries*, ch. 13, n°ˢ 120, 133.) Il n'est pas

« permis de pêcher dans lesdites rivières sans le con-
« sentement de celui auquel elles appartiennent. »

Il cite encore ce passage de Loyseau : « Quant aux
« rivières et rivages d'icelles, bien qu'en droit elles
« fussent toutes publiques, et la pescherie en icelles
« permise à chacun (*Flumina*, Institutes, *de Rerum*
« *divisione*), si est-ce qu'en France on distingue les
« navigables d'avec les non navigables ; et pour le re-
« gard des non navigables, elles sont *dominii privati*,
« et appartiennent aux particuliers, et par conséquent
« aux hauts justiciers *à faute d'autre maître.* »

Bacquet (*des Droits de justice*, ch. 30, n° 25) est encore plus affirmatif. « Il y a, dit-il, quelques petites
« rivières qui ne sont ni publiques ni navigables, mais
« appartiennent à des particuliers, soit seigneurs jus-
« ticiers féodaux, *ou autres personnes*, tout ainsi que les
« héritages propres et particuliers dont il est parlé *in*
« l. 1, *sin autem flumen privatum sit* (ff. *de Flumini-*
« *bus*) ; et d'iceux nous ne voulons aucunement parler,
« parce que le Roi ni les seigneurs hauts justiciers n'y
« ont plus de droit que sur un autre héritage apparte-
« nant à des particuliers. »

Domat (*Lois civiles*, liv. 2, tit. 6, sect. 1ʳᵉ, n° 5)
déclare de même ces cours d'eau *dominii privati.*

Parmi les jurisconsultes modernes, on peut citer
comme se rangeant à cette opinion :

M. Daviel, qui professe le principe que les cours
d'eau non navigables ni flottables « peuvent jusqu'à un
« certain point admettre l'empreinte de la propriété
« privée. » (V. Daviel, t. 2, n° 530) ; — Demaute

(*Cours analytique*, t. 2, n° **374** *bis* ; V. Cass., 9 août **1843**); — Amat, C. Cavalier (*Dev.*, vol. **1844**, **1**, **5** et la note).

Suivant Championnière, les lois romaines donnaient la propriété des eaux courantes aux riverains, et les règles du droit romain sur ce point n'ont pas cessé d'être en vigueur en France pendant la période féodale.

« Si la féodalité, ajoute cet auteur, à la faveur du
« droit de haute justice qu'elle s'était arrogée, a pu
« usurper la propriété des petites rivières, son aboli-
« tion a eu pour effet immédiat d'amener la restitution
« des droits par elle usurpés, et par là le retour aux
« riverains de la propriété de ces cours d'eau. »

Lors de la discussion de l'art. **556**, M. Portalis exprimait la même pensée :

« Le système féodal a disparu, disait-il, conséquem-
« ment il ne peut faire obstacle aux droits des rive-
« rains. »

Cet ordre de choses ne paraît pas avoir été changé par le Code.

Les art. **644** et **538** rapprochés excluent toute idée de changement dans les droits de propriété des riverains.

D'un autre côté, on voit l'art. **561** attribuer aux riverains l'île qui naît au milieu de la rivière ; ce qui n'a pas lieu quand il s'agit de rivières navigables (art. **560**).

En outre, l'avis du Conseil d'État du **30** pluviôse an **XIII** et la loi du **15** avril **1829** attribuent le droit de pêche aux riverains ; tandis que, dans les fleuves navigables, ce droit appartient à l'État.

Enfin par *à fortiori* les rivières flottables à bûches perdues qui, par leurs rapports avec le commerce et l'industrie, ont un caractère que ne présentent pas les petites rivières, sont considérées comme appartenant aux riverains.

Du reste, la jurisprudence incline pour cette solution. (Arrêt de cassation, 5 janvier 1809, *Journal du Palais*, t. 1, p. 541, année 1810,—arrêt de cassation du 22 janvier 1810,—ord. Conseil d'État, 21 février 1822,—arrêt du 22 août 1823, et notamment un arrêt du 4 mars 1856, Agen.)

XVIII. —Dans un système contraire, Demol (*Distinct. des biens*, t. 2, n° 135); Dufour (t. 4, n° 440): Nadauld de Buffon (t. 2, p. 14) s'appuient d'abord sur les travaux de la Constituante.

Mais si ces travaux témoignent de la pensée qui animait l'Assemblée, et si cette pensée tendait si manifestement à faire considérer les cours d'eau non navigables ni flottables comme choses *nullius*, il est à remarquer que ce principe de communauté négative, qu'elle voulait ainsi imprimer à ces cours d'eau, n'a été ni adopté ni consacré par le Code. On ne peut voir là un oubli, après tant d'efforts et après des débats tant de fois renouvelés pour l'adoption de ce principe. (V. Fenet, t. 1, p. 116-147-161.)

On argumente des art. 563 et 643 du Code Napoléon.

Mais ces articles ne disposent qu'exceptionnellement et par voie d'équité. Ils ont été dictés par la nécessité d'indemniser le riverain pour le cas prévu ; et à coup sûr leurs dispositions ne peuvent être considérées comme destructives du principe général , surtout comme attributives ou récognitives de la propriété du lit du cours d'eau abandonné.

M. Dufour invoque un arrêt de cassation du 10 juin 1846, mais cet arrêt, rendu du reste par défaut, est loin d'avoir décidé la jurisprudence.

Il se borne, d'ailleurs, à décider la question d'après les seules dispositions du Code, et notamment des art. 644, 714 et 563; mais il méconnaît l'esprit de ces articles qui n'entendent uniquement que réglementer la jouissance de ces cours d'eau ; imposer certaines servitudes à cette jouissance , servitudes qui n'excluent pas l'idée de propriété, qui supposent au contraire l'existence de la propriété dans la personne de celle à qui elle est imposée.

Ainsi on doit tenir pour certain que, par l'abolition de la féodalité, les riverains ont ressaisi la propriété des petits cours d'eau, et que cette propriété a été respectée par le Code.

XIX.—Examinons maintenant les conséquences de ce principe :

Quels sont les avantages qui en découlent pour les riverains?

Les avantages parfois ne constituent que des facultés qui sont communes à tous; ainsi la faculté d'user de l'eau courante, de s'en abreuver à la condition de ne porter aucun préjudice , celle de circuler en bateau sur l'eau. (Toulouse, 6 juin 1832; Douai, 18 décembre 1845 ; Proudhon, *du Dom. p*, n° 1244.)

Ces facultés sont du droit naturel. Elles se trouvent protégées et réglées dans leur exercice par le pouvoir de police.

A côté de ces facultés se placent encore des avantages réels pour les riverains, et exclusifs à l'égard de tous autres individus; ainsi ils peuvent extraire du lit de la rivière le limon, les sables et graviers, récolter les herbes, les roseaux qui croissent dans la rivière. (Daviel, t. 2, n° 546; loi du 14 floréal an XI; décret du 30 pluviôse an XIII; circulaire du 10 décembre 1837 sur la loi du 14 floréal an XI.) Ils profitent seuls de la pêche comme produit de leurs eaux. (Loi du 15 avril 1829, art. 2.)

Si la rivière n'est susceptible d'aucun genre de flottage, ils ne doivent aucun droit de passage et de circulation sur la rive. (Avis du Conseil d'Etat.)

XX. — Mais ce que l'on doit considérer surtout pour les riverains comme le plus précieux de tous les avantages, et ce qui est pour eux la source de plus grands bénéfices, c'est le droit d'user des eaux pour l'irrigation et pour le roulement des usines.

Ces deux modes d'appropriation doivent particulièrement appeler notre attention. Nous allons aborder successivement leur examen.

XXI. — Le Code Napoléon renferme dans les articles 640 à 645 toutes les dispositions relatives à l'irrigation. Il en traite plus spécialement dans les articles 644 et 645, qui règlent les droits des propriétaires dont les fonds sont bordés ou traversés par une eau courante.

On sait de quelles eaux courantes ces articles veulent parler.

Ce n'est ni des eaux pluviales, ni des eaux des lacs, ni des étangs, qui sont du Domaine privé, ou du Domaine du premier occupant; mais seulement des cours d'eau non navigables ni flottables, qu'à bûches perdues; des parties non navigables ni flottables des rivières qui n'ont pas été déclarées navigables et flottables dans toute l'étendue de leur lit, et enfin des cours d'eau non navigables ni flottables, lors même qu'ils seraient des affluents de rivières navigables ou flottables, sauf le droit de l'administration de fixer le point à partir duquel le cours d'eau aura le caractère de rivière navigable.

Pour prétendre au droit d'irrigation, il faut être riverain, avoir un héritage qui touche le cours d'eau lui-même ou qui soit traversé par ce cours d'eau.

Le droit du riverain se borne à user de l'eau à son passage, car il y a un concurrent, un ayant droit dans le propriétaire de la rive opposée. Il ne peut donc en détourner le cours, à moins que ce ne soit du consentement du riverain du bord opposé (arrêts du 4 avril 1842, et du 14 mars 1849, Giraud).

Le propriétaire dont le fonds est, au contraire, traversé par le cours d'eau peut le détourner et en *user* à son gré, sauf à le rendre à la sortie de son fonds à son cours ordinaire.

Il ne peut, sous aucun prétexte, l'*absorber* au préjudice des propriétaires inférieurs. (Pard., *Serv.*, n° 106; Proudhon, n° 1432; Daviel, n° 584; arrêt du 21 août 1844, Baric.)

Il est tenu de n'user de son droit que de manière à ménager dans une juste mesure aux propriétaires des fonds inférieurs l'exercice de leurs droits sur les eaux (arrêt du 8 juillet 1846, Letanneur).

Bien que l'art. 644 ne parle que de l'irrigation, le propriétaire des deux rives peut encore, dans une mesure modérée, employer le cours d'eau qui traverse son fonds à des usages d'utilité domestique, comme l'établissement d'un lavoir, d'un vivier ; ou même de simple agrément, comme un bassin dans un parc. Il peut même être utilisé pour l'exercice d'une profession ou d'une industrie qui en nécessite l'emploi ; blanchisserie, teinturerie, tannerie. Les tribunaux peuvent, au cas où des contestations surgissent à cet égard, établir le règlement des eaux.

XXII. — De ces mots : *sauf à le rendre à la sortie de son fonds*, pourrait-on venir prétendre qu'il suffit de posséder quelques mètres de terrain traversés par un cours d'eau, pour avoir le droit d'amener des eaux sur des propriétés joignantes et beaucoup plus considérables, mais que le ruisseau ne traverse pas ? Nullement. Les eaux doivent être rendues à leur cours naturel, à la sortie même de la partie du fonds traversé par le ruisseau, sans qu'on puisse les faire circuler dans ceux qu'il ne traverse pas.

« Si l'on suppose, dit Proudhon (t. 4, n° 1429),
« que le fonds à gauche du ruisseau soit, vers la ré-
« gion inférieure, moins prolongé que celui que le
« propriétaire possède sur la droite, et qu'il veuille le
« faire circuler, ou serpenter dans l'intérieur d'un de

« ces fonds, il sera obligé de le ramener à son cours
« naturel vis-à-vis de la pointe du fonds latéral de
« gauche, qui est le moins prolongé; attendu qu'autre-
« ment on ne pourrait pas dire qu'il le rende à son
« cours ordinaire à la sortie de son fonds; et que d'ail-
« leurs il ne pourrait conserver plus longtemps la
« jouissance exclusive du ruisseau, pour ne la rendre
« qu'à l'extrémité du fonds de droite qui s'étend plus
« loin, sans porter préjudice au propriétaire latéral de
« gauche, qui resterait privé du bénéfice des eaux
« dans toute l'étendue correspondante à cette prolon-
« gation de droite. »

XXIII. — Des lois nouvelles sont venues compléter
les dispositions des articles 640 à 645 et donner satis-
faction à de légitimes besoins. Ces lois sont au nombre
de quatre :

La loi du 29 avril 1845, ayant son complément dans
la loi du 11 juillet 1847, sur les irrigations ;

La loi du 10 juin 1854, sur le libre écoulement des
eaux par le drainage, ayant son complément dans la loi
du 23 juillet 1856, sur les encouragements donnés par
l'État pour le drainage.

La loi du 29 avril 1845 est venue créer une nouvelle servitude légale. Elle respecte toutes les règles du
Code civil, qui détermine les limites dans lesquelles un
propriétaire peut disposer des eaux ; elle fait seulement
une concession de passage.

« Tout propriétaire, dit l'article 1er, qui voudra se
« servir pour l'irrigation de ses propriétés des eaux
« naturelles ou artificielles, dont il a le droit de dis-

« poser, pourra obtenir le passage sur le fonds inter-
« médiaire à la charge d'une juste indemnité. »

« Les propriétaires des fonds inférieurs, ajoute l'ar-
« ticle 2 de la loi, devront recevoir les eaux qui s'écou-
« lent des terrains ainsi arrosés, sauf l'indemnité qui
« pourra leur être due. »

C'est-là assurément une facilité et une extension
bien grande que cette loi donne à l'usage des eaux
pour l'irrigation. Le Code Napoléon n'autorisait rien de
semblable.

Ainsi a été créée la servitude de passage pour les
eaux de pluie, les eaux de lac, d'étang, de source na-
turelle ou artificielle que l'on a dans son sol à titre de
propriété ; pour les eaux courantes dont on a l'usage,
d'après les art. 644 et 645 du Code Napoléon, et enfin
pour les eaux des fleuves ou rivières navigables et flottables dont a obtenu la dérivation ; mais toujours sous
la condition que ces eaux n'ont d'autre objet que l'irrigation des terres.

Cette servitude, remarquons-le bien, n'est établie
qu'au profit du propriétaire riverain. Car le propriétaire non riverain, alors même qu'il serait concession-
naire du riverain, ne pourrait en réclamer le bénéfice.
La loi de 1845 n'a eu en vue que le sort du riverain
proprement dit, elle a voulu lui faciliter le plus possible l'usage des eaux, sans mettre en péril les droits des
riverains inférieurs.

Ce serait méconnaître son esprit que d'admettre à
son bienfait ceux qui n'ont nul droit à la propriété des
eaux courantes. (V. arrêt du Cons., 1er septembre 1858,

Catel et Chevalier, Devil, vol. 1859, 2, 455 et la note; Duvergier, XLVII, *Collection des lois.*)

XXIV. — L'exercice du droit d'irrigation pour être vraiment efficace réclamait une autre faculté : la faculté d'établir des barrages pour élever artificiellement le niveau d'eau. Cette lacune fut comblée par la loi du 11 avril 1847 qui crée une nouvelle servitude d'appui.

L'art. 1er de cette loi porte « que tout propriétaire « qui voudra se servir pour l'irrigation de ses proprié- « tés, des eaux naturelles ou artificielles, pourra obte- « nir la faculté d'appuyer, sur la propriété du riverain « opposé, les ouvrages d'art nécessaires à la prise d'eau, « à la charge d'une juste et préalable indemnité, etc. »

Cette faculté toutefois ne peut s'obtenir que sous l'approbation de l'autorité administrative.

XXV. — Un décret du 25 mars 1852 sur la décentralisation administrative a attribué aux préfets la connaissance de ces autorisations.

Aux termes de ce décret, les préfets statuent sans l'autorisation du ministre des travaux publics, mais sur l'avis ou l'approbation des ingénieurs en chef, quand il s'agit « d'autorisations sur les cours d'eau non navi- « gables ni flottables, de tout établissement nouveau, « tel que moulins, usines, barrage, prise d'eau d'irri- « gation, patouilles, brocards, lavoir à mines; de ré- « gularisation de l'existence desdits établissements, « lorsqu'ils ne sont pas encore pourvus d'autorisation « régulière, ou modifications des règlements déjà exis- « tants. »

Ces autorisations ne sont accordées que sous la réserve expresse des droits des tiers. (Cass., 17 mars 1819 ; *Journ. du Palais,* t. 54, p. 21.)

XXVI. — **A** côté du droit d'user des eaux pour l'irrigation existe celui non moins important d'en user pour le roulement des usines. Les usines dont nous nous occupons exclusivement sont celles qui empruntent une force motrice à l'eau courante.

« On distingue deux sortes d'usines : on donne le
« nom d'usines fixes à celles dont les roues ont des
« points d'appui invariables, et sont mues à l'aide de
« vannes et d'un barrage ; et le nom d'usines pendantes
« à celles dont les roues n'ont que des supports flot-
« tants et marchent sans barrage ni retenue d'eau. »
(Nadault de Buffon, t, 2, p. 210.)

XXVII. — Leur origine est très-ancienne ; on les avait multipliées sur les cours d'eau, au point d'entraver la navigation.

Cette jouissance abusive dura longtemps. Par un premier édit de 1668, confirmé par un autre de 1683, Louis XIV essaya d'y remédier. Il maintint ceux dont la propriété était justifiée par des titres authentiques et remontant avant 1566, ou une possession centenaire, et fit subir l'éviction pour tous autres au profit de l'État.

Ce sont là les dispositions formelles de l'édit de 1683, confirmatif des édits de 1668 et de 1566.

« Tous les propriétaires d'usines, y est-il dit, qui
« rapporteront des titres de propriété authentiques,
« faits avec les anciens rois en bonne forme, auparavant
« l'année 1566, c'est à savoir : inféodations, contrats
« d'aliénation, engagements, aveux et dénombrements

« qui auraient été rendus et reçus sans blâme sont
« maintenus en la propriété et jouissance de leurs
« établissements. »

Sont exceptés ceux ayant une jouissance sans trouble
de plus de cent ans et remontant au moins au 1er avril
1566, et encore cela ne leur est-il accordé que « *par*
« *relâchement des droits de la couronne et à la charge par*
« *eux de payer une redevance* foncière égale au vingtième
« du revenu, à titre de reconnaissance. »

Ces édits furent suivis de la célèbre ordonnance de
1669 dont nous avons déjà parlé, et qui, dans son article 42, tit. 27, défend à tout individu propriétaire d'é-
lever des moulins, et ordonne (art. 43) que ceux qui
auront fait construire des moulins sans autorisation
seront tenus de les démolir.

Mais ces défenses furent loin d'être observées. Les
juges de police et leurs seigneurs accordèrent souvent
de leur chef, moyennant redevance, le droit d'élever
des moulins.

XXVIII.—La Constituante vint enfin, par une série
de lois, mettre un terme à tous ces abus. Elle respecta
la propriété des usines, les concessions seigneuriales,
et les plaça sous la surveillance de l'administration.

Par l'arrêté du 19 ventôse an VI, qui règle spécialement les droits de l'administration et des particuliers
sur les cours d'eau navigables et flottables, elle enjoi-
gnit aux propriétaires « de produire des copies authen-
« tiques de leurs titres, et prescrivit en outre aux ad-
« ministrations départementales de dresser un état
« séparé de toutes les usines qui seraient fondées en

« titre, et de celles qui seraient reconnues dangereuses
« ou nuisibles à la navigation, au libre cours des eaux,
« au desséchement, à l'irrigation des terres, et de faire
« supprimer celles qui ne seraient pas pourvues d'une
« autorisation valable. »

Par la loi du 8 janvier 1790, sect. 2ᵉ, elle chargea les administrations départementales de la conservation des rivières.

Cette mission qu'elle donne ici à ces administrations fut expliquée et déterminée par une loi suivante, du 12-20 août 1790, ch. 6. D'après cette loi, les administrations centrales devront rechercher et indiquer les moyens de procurer le libre cours des eaux, empêcher que les prairies ne soient submergées par la trop grande élévation des écluses des moulins, et par les autres ouvrages d'art établis sur les rivières ; diriger enfin autant qu'il sera possible toutes les eaux de leur territoire vers un but d'utilité.

Enfin par une autre loi des 28 septembre et 6 octobre 1791, t. 2, art. 16, elle déclare les propriétaires ou fermiers des moulins et usines, construits et à construire, « garants de tous dommages que les eaux pour-
« raient causer aux chemins ou autres propriétés voisi-
« nes, par la trop grande élévation du déversoir ou
« autrement. »

Elle force les propriétaires à tenir leurs eaux à une hauteur qui ne nuise à personne et qui sera fixée par l'administration de département, d'après l'avis de l'administration de district.

XXIX. — Ainsi disparurent les abus. Désormais la

jouissance et la conservation des établissements sur les cours d'eau demeurent subordonnées au droit de modification et de suppression pour l'administration, suivant les exigences de la navigation ; cette réserve, qui résulte des lois précédentes, avait déjà été proclamée par l'arrêté du Conseil, du 26 juin 1777, à l'égard des concessions faites à titre d'aliénation. (V. ord. du 22 octobre 1830, du 19 mars 1840, 27 novembre 1841, 18 avril 1845, 23 décembre 1845, 3 décembre 1846 ; Nadauld de Buffon, t. 2.)

XXX. — Le législateur, avons-nous dit plus haut, a maintenu les concessions seigneuriales. On ne serait donc pas fondé à venir soutenir qu'elles ont été infirmées par les lois abolitives de la féodalité.

Le Conseil d'État et les Cours n'ont pas hésité à reconnaître l'existence légale des établissements créés en vertu de ces concessions comme de ceux qui reposeraient sur des titres et des actes conformes aux lois du temps. (Arrêts du Conseil du 23 ventôse an X, 21 avril 1834; décrets du 19 juillet 1830; 22 novembre 1851; Compagnie du canal de la Sambre à l'Oise du 18 juin 1852, Roussille.)

Toutefois ce maintien n'implique pas la reconnaissance du droit absolu à une indemnité, en cas de dommages causés à ces établissements par des travaux publics. Il y a une distinction à faire à cet égard entre les concessions gratuites et celles faites à titre onéreux. Nous l'expliquerons plus bas.

XXXI. — Quant au droit de modification et de régularisation des usines, ce droit, qui appartient toujours à l'autorité administrative, avait été dans le principe attribué aux directoires de département par une loi des 28 septembre—6 octobre 1791, tit. 2, art. 16; mais cette attribution toute réglementaire fut toujours contestée aux administrations départementales par le Conseil d'État.

S'appuyant sur la loi des 12—20 août 1790, arrêté du 13 nivôse an V, 19 ventôse an VI, art. 9, le Conseil d'État la revendiqua et la conserva jusqu'au jour où parut la loi du 25 mars 1852, sur la décentralisation, qui restitua ce pouvoir aux préfets, du moins en ce qui regarde les cours d'eau non navigables, et y ajouta le droit d'autorisation pour les établissements à construire.

XXXII. — Nous connaissons déjà les principales dispositions de cette loi; nous en avons vu l'application en ce qui concerne les irrigations, nous n'y reviendrons donc pas; nous ne l'envisagerons ici que sur un point.

D'après cette loi du 25 mars 1852, le préfet est seul compétent pour connaître des demandes d'autorisations pour les établissements sur les cours d'eau non navigables. Pour ces autorisations, il faut suivre les mêmes formalités que celles prescrites pour la création d'usines sur les fleuves et rivières navigables. (Instr. du 17 thermidor an VI; circul. du 23 novembre 1851; Voy. Nadauld de Buffon, t. 2, p. 475.)

Mais quels seront vis-à-vis des tiers les effets de ces autorisations? A qui s'adresseront-ils, s'ils ont à se plaindre des établissements ainsi autorisés?

XXXIII. — Il faudra examiner la nature de la plainte et distinguer si elle tend à une simple réparation; ou si, au contraire, elle tend à faire révoquer ou modifier l'acte administratif.

Nous devons faire remarquer ici, en premier lieu, que l'on peut appeler de la décision du préfet au ministre des travaux publics, auquel l'art. 6 du décret du 25 mars 1852 réserve le droit d'annulation ou de réformation ; et même, si ces autorisations étaient entachées d'excès de pouvoir, il y aurait lieu de les déférer au Conseil d'État par la voie contentieuse. (Décret du 2 août 1850 ; 18 novembre 1852, Magnier.)

Mais à supposer que, par suite des mesures autorisées, les riverains viennent à éprouver quelques dommages résultant, par exemple, d'affouillements, de dégradations à leurs berges, produits par la rapidité nouvelle imprimée aux eaux, ou du reflux occasionné par la trop grande hauteur du barrage, ils devront adresser leur demande en dommages aux tribunaux ordinaires. Il y a lieu dans ce cas à l'application de l'art. 1382 du C. N. (Cass., 12 juin 1846.)

S'ils se plaignent plus spécialement que les établissements autorisés compromettent ou violent leurs droits acquis, ils doivent porter leur requête devant l'autorité administrative, car alors leur plainte tend à la modification d'un acte administratif. (Cass., 14 février 1833 ; ordon. du 18 juillet 1838.)

XXXIV.—Les tribunaux ne peuvent jamais, sous prétexte de remédier à une cause de préjudice pour les tiers, modifier ou altérer l'état des choses arrêté par l'administration.

L'administration a seule le droit de réviser le régime

de l'établissement; elle n'est pas liée par son ordonnance de concession, qui ne peut constituer au profit du propriétaire de l'établissement, un droit acquis. (Ordon. Conseil d'État, 23 décembre 1835, Goulden ; 18 novembre 1842, Berthélemy.)

Aujourd'hui, les préfets sont investis de la plénitude du pouvoir de police sur les cours d'eau non navigables.

Ils connaissent seuls des réclamations qui se rapportent aux intérêts et droits des riverains, maîtres d'usines et propriétaires de terrains à arroser, et prennent à cet égard des arrêtés dits *règlements d'eau.*

Mais quant aux droits qui tiennent de conventions, titres ou actes du droit commun, et que les lois civiles mettent sous la protection de ce droit, ils n'ont point à souffrir des arrêts préfectoraux. Ces arrêts ne doivent être considérés que comme une permission délivrée sous le rapport des intérêts, dont l'appréciation appartient à l'administration, et ne préjugent rien relativement aux titres et aux moyens du droit commun.

XXXV.—Pour compléter cette étude générale des cours d'eau, il nous reste à examiner une question très-importante; c'est la question de compétence.

Les cours d'eau sont soumis à deux sortes de juridictions :—juridiction ordinaire et juridiction administrative. Cette dernière est d'exception.

C'est à fixer l'étendue de ces deux juridictions respectives, par rapport au régime des cours d'eau, que nous allons nous attacher.

DEUXIÈME PARTIE

XXXVI.—On ne peut concevoir un droit de propriété sans la jouissance, qui est l'exercice de ce droit ; mais des altérations de toute nature peuvent affecter ou diminuer cette jouissance, et par suite, la propriété elle-même, qui éprouve une diminution dans la valeur foncière. Ces altérations peuvent être temporaires ou accidentelles, permanentes ou définitives. D'un autre côté, la propriété peut être affectée par suite de distraction totale ou partielle.

Dans ces cas divers, il y a une atteinte incontestable au droit de propriété ; dès lors il y a ouverture à une action en indemnité. Mais à qui appartiendra la connaissance de cette indemnité? Est-ce au pouvoir administratif, ou au pouvoir judiciaire?

La solution de cette question a donné lieu à une controverse qui a divisé longtemps la jurisprudence des tribunaux ordinaires et celle du Conseil d'État.

Avant d'examiner l'état de la question, résumons la législation sur la matière :

XXXVII.— Nous trouvons son principe véritable dans la loi du 28 pluviôse an VIII, qui substitua les conseils de préfecture aux administrations centrales.

Cette loi décide (art. 4, §§ 3 et 4) que le Conseil de préfecture « prononcera sur les réclamations des parti-
« culiers, qui se plaindront de torts et dommages,
« procédant du fait personnel des entrepreneurs ; sur
« les demandes et contestations concernant les indem-
« nités dues aux particuliers à raison des terrains pris
« ou fouillés, pour la confection des chemins, canaux
« et autres ouvrages publics. »

Postérieurement à cette loi, celle du **16 septembre 1807**, dispose dans son titre 11, art. 48, que : « pour
« exécuter un dessèchement, l'ouverture d'une nou-
« velle navigation, un pont, s'il est question de sup-
« primer des moulins ou autres usines, de les déplacer,
« modifier, ou de réduire l'élévation de leurs eaux, la
« nécessité en sera constatée par les ingénieurs des
« ponts et chaussées; le prix de l'estimation sera payé
« par l'État, lorsqu'il entreprend des travaux; lorsqu'ils
« sont entrepris par des concessionnaires, le prix de
« l'estimation sera payé avant qu'ils puissent faire cesser
« le travail des moulins et usines.

« Il sera d'abord examiné si l'établissement des
« moulins et usines est légal, si le titre d'établissement
« ne soumet pas les propriétaires à voir démolir leurs
« établissements sans indemnité, si l'utilité publique
« le requiert. »

Ainsi, jusqu'alors aucune distinction n'est faite entre le dommage et l'expropriation. La fixation des indemnités, dans l'un et l'autre cas, appartient sans partage au Conseil de préfecture.

Mais d'autres lois suivirent, qui enlevèrent aux tribunaux administratifs la connaissance des expropriations totales ou partielles, et investirent expressément les tribunaux ordinaires du droit de fixer les indemnités afférentes à toutes les dépossessions pour cause d'utilité publique.

Ce furent les lois des 8 mars 1810 et 7 juillet 1833, abrogées ensuite, mais remplacées par la loi du 3 mai 1841 sur l'expropriation pour cause d'utilité publique.

Telles sont les lois de la matière. Elles déterminent l'étendue de la compétence respective des pouvoirs administratif et judiciaire.

Cependant la ligne de démarcation de la compétence entre ces deux pouvoirs n'est pas aussi nette qu'elle semble tout d'abord.

XXXVIII.—Il y a eu une longue controverse, soulevée par l'autorité administrative, quant au pouvoir exclusif de l'autorité judiciaire, pour statuer, depuis la loi du 8 mars 1810, sur les contestations en règlement d'indemnité à la suite d'expropriation.

L'autorité administrative chercha, à l'aide d'une confusion dans l'application du principe de la distinction des dommages permanents et ceux temporaires, à faire rentrer indistinctement sous sa juridiction la connaissance de ces deux sortes de dommages.

Mais on s'est élevé contre l'interprétation ampliative que le Conseil d'État tendait ainsi de donner à la loi du 28 ploviôse an VIII, en faveur de la compétence exclusive des Conseils de préfecture.

On a pensé avec raison que la loi du 28 pluviôse

an VIII n'avait entendu, dans ses paragraphes 3 et suivants, attribuer aux Conseils de préfecture que les dommages qui avaient une cause temporaire; que, quant à la loi de 1807, elle avait fait place à un nouvel ordre d'idées, avec la loi du 8 mars 1810, qui appelait la justice régulière à prononcer sur les suites de l'expropriation; de là, qu'il y aurait nécessité de distinguer ce qui tenait à une question de propriété, et ce qui, sans porter atteinte à ce droit essentiel, faisait éprouver un préjudice aux propriétaires.

Aussi, pendant longtemps, la Cour de cassation a-t-elle décidé, contrairement à la jurisprudence du Conseil d'État, que les lois des 28 pluviôse et 16 septembre 1807 devaient être restreintes, dans leur application, au cas où il y avait seulement dommage temporaire, variable, résultant du chômage pendant la confection des travaux d'utilité publique; et, s'appuyant sur la loi du 8 mars 1810, a-t-elle revendiqué exclusivement la connaissance des cas où il s'agissait de dommages permanents, regardant les dommages de cette nature comme équivalant à une expropriation.

XXXIX.—Cette doctrine ne manque pas de vérité. On est frappé, en effet, des conséquences si graves qu'entraîne pour la propriété le dommage permanent.

Le dommage temporaire a un terme connu; mais le dommage permanent n'a pas de terme connu, il résulte d'un nouvel état de choses et doit durer autant.

La modification qu'il apporte à la jouissance, ayant un caractère de perpétuité, « le droit du propriétaire « n'est plus complet. Ce droit est attaqué dans son prin-

« cipe, et le dommage qu'il souffre est aussi réel que
« celui qui résulterait de l'occupation de tout ou partie
« de la propriété ou de l'établissement d'une servi-
« tude. » (Rouen, 17 juillet 1843.)

Il est certain qu'il y a assimilation entre une dépréciation permanente et une expropriation partielle.

Cette thèse a été, du reste, soutenue par nos meil-
leurs auteurs, et notamment par Nadauld de Buffon
(t. 2, p. 161).

Il ne faut pas restreindre, comme le dit avec tant de
justesse cet auteur, l'application de la loi du 8 mars
1810 au cas seulement d'expropriation proprement
dite, c'est-à-dire au cas où l'administration s'empare-
rait de l'immeuble ; il faut étendre son application à
ces cas intermédiaires, entre le simple dommage mo-
mentané et l'expropriation proprement dite, tels, par
exemple, une moins-value résultant de dépréciation
ou de dommages permanents.

Ces cas présentent, en effet, une expropriation partielle quant au propriétaire de l'immeuble, qui sans
perdre le sol est du moins privé pour toujours d'une
partie du revenu, qui est pour lui la représentation du
fonds. Il y a là une question de propriété qui, selon
l'esprit de la loi du 8 mars 1810 et de celle du 7 juillet
1833, est de la compétence des tribunaux ordinaires.

Cette doctrine est également celle de Dubreuil (t. 2,
p. 390). La diminution perpétuelle de la valeur d'un
immeuble équivaut, selon lui, à une expropriation et
constitue au moins un démembrement de la propriété.
(Bourges, 28 février 1832 ; Rouen, 1er février et 17 mai

1834, 17 juillet 1843 ; Toulouse, 24 février 1844.)

C'est aussi l'opinion de MM. Cornemin et Garnier (*Cours de droit administratif*, 4ᵉ édit., t. 2, p. 346; *Régime des eaux*, t. 4. nᵒ 1162).

M. Daviel, que nous ne devons pas oublier dans cette grave question, n'est pas moins positif.

Il distingue entre l'État gouvernement et l'État propriétaire. « L'État, comme propriétaire, est soumis à « la juridiction commune » (Henrion de Pansey, *de l'Autorité judiciaire*. chap. 26, p. 456). « Or, une fois « que le plan de dépossession a été confirmé, et que « l'État s'est substitué au propriétaire, sauf indemnité, « la contestation qui s'engage pour le règlement de « cette indemnité et pour les prétentions accessoires « est un débat de propriétaire à propriétaire, et la « compétence des tribunaux est incontestable. » (T. 1ᵉʳ, p. 434.)

A l'égard des cas de dépréciation absolue, de modification à perpétuité, il se range aux puissantes raisons données par M. Nadauld de Buffon, et, comme lui, déclare de la compétence des tribunaux ordinaires tous dommages dont la cause est perpétuelle.

Le caractère de perpétuité suffit à ses yeux pour constituer une expropriation.

XL.—Il est à regretter que les cours impériales et la Cour de cassation, qui s'étaient toujours ralliées à cette doctrine, aient cru devoir récemment modifier leur jurisprudence et la fixer dans le même sens que celle du Conseil d'État.

Du reste, le recours au Conseil d'État est loin

d'offrir aux particuliers la garantie qu'ils trouvent devant les tribunaux.

« Le style suppliant de la pétition convient mal à
« celui qui use de son droit.

« Tout citoyen à qui l'on fait tort, disait Napoléon Ier
« au Conseil d'État, doit pouvoir se plaindre, non pas
« à l'administration (où la faveur peut beaucoup) qu'on
« n'aborde que difficilement (qui vérifie les faits comme
« il lui convient et ne décide point, ou décide suivant
« son bon plaisir), mais aux tribunaux.... (Voy. Locré,
« p. 279, *Discussion sur la liberté de la presse.*) »

Ces considérations n'ont pu prévaloir contre les ten-
dances de l'administration à se rendre en ces matières
juge et *partie*.

XLI. — Tout dommage causé à une usine par suite de
travaux publics donne droit à une indemnité, à la condition que l'établissement aura une existence légale,
ainsi que l'exige l'article 48 de la loi du 16 septembre 1807.

Le principe de cette indemnité est soumis à certaines
distinctions.

En effet, en cette matière il existe une différence
entre les usines placées sur des cours d'eau non navigables et celles placées sur des cours d'eau navigables.
La légalité de celles-ci ne peut résulter que d'un titre
antérieur à 1566, et non d'une concession abolie.
(Perrot. 16 mars 1842.)

« La permission de l'ancien seigneur, dit à ce sujet
« Proudhon, n° 1065, n'est point à considérer et ne
« peut être constitutive d'un titre légitime pour l'éta-

« blissement d'une usine sur une rivière navigable,
« attendu que ce n'est que par une usurpation contraire
« au droit public de l'État que le seigneur aurait pu se
« permettre de disposer du cours d'eau sur une rivière
« de cette classe (arrêté du 19 ventôse an VI). »

Il faudra donc asseoir le droit à l'indemnité, d'après la distinction faite par l'édit de 1566 et l'ordonnance de 1683, et reconnaître que l'indemnité sera toujours due si l'existence de l'usine avant 1566 se trouve établie, même par des titres énonciatifs du titre originaire.

Que si, au contraire, l'établissement est postérieur à 1566, comme la concession n'a pu être faite qu'en violation du principe de l'inaliénabilité consacré par l'édit de 1566 et l'ordonnance de 1683, il faudra décider que cette concession, se trouvant nulle de plein droit, ne peut fonder le droit à l'indemnité.

Toutefois, une raison d'équité a fait fléchir la rigueur de ce principe de non-indemnité, dans le cas où le titre aurait sa source dans un acte de vente nationale portant garantie de la jouissance de l'établissement cédé.

L'acte de vente nationale qui ne contiendrait qu'une transmission pure et simple des droits ayant appartenu aux anciens concessionnaires ne pourrait fonder le droit à l'indemnité, car le vice inhérent à la concession originaire n'a pas cessé de subsister.

XLII.—A l'égard des usines placées sur des cours d'eau non navigbales ni flottables, les permissions des anciens seigneurs forment un titre légitime au moyen duquel les concessionnaires doivent être maintenus dans la propriété de leurs cours d'eau.

Nos lois nouvelles, comme le déclare un arrêt de ventôse an X, cité plus haut, en supprimant les effets de la féodalité, n'ont jamais pu être applicables à la validité et à la conservation d'un droit de propriété sur un cours d'eau, droit qui appartenait alors, d'après le droit commun établi en cette matière, au pouvoir qui le cédait.

C'est là un point admis aujourd'hui par la doctrine et la jurisprudence. (Daviel, p. 603; Nadauld de Buffon, t. 2, p. 213; Dufour, t. 2, p. 412; Cass., 18 juin 1806 19 juillet 1830; Caen, 19 août 1837, Ponthaud, et 19 janvier 1838, Dauge.)

XLIII.—En l'absence du titre de concession, la preuve de la légalité de l'établissement peut résulter de circonstances diverses.

Il serait par trop injuste de prétendre que la perte du titre doit entraîner la perte du droit lui-même.

Amissis instrumentis quæ intercesserant, non tolli substantiam veritatis placuit. (L. 10, Cod., *de Fide instrument.*, lib. 4, t. 21.)

Ainsi le propriétaire de l'usine pourra faire cette preuve par toutes pièces, titres, reconnaissances. Il pourra même user de la preuve par témoins.

Son usine sera même considérée comme ayant une existence légale s'il justifie de la prescription trentenaire acquise avant la promulgation des lois abolitives de la féodalité, c'est-à-dire avant 1789. C'est ce que décide un arrêté du 28 août 1844 qui déclare « que la preuve « de la légalité de l'établissement d'une usine peut, à « défaut d'actes écrits émanés de l'administration,

« résulter des circonstances et notamment de l'époque
« de la construction de l'usine, de la qualité de ses
« constructeurs, du caractère de la transmission qui en
« aurait été faite, et même, selon les cas, de la pres-
« cription acquise avant 1789. »

Il a même été décidé que l'ancienneté d'une usine
et la longue possession de ses propriétaires font pré-
sumer qu'elle a été légalement établie. (Ordon. du 15
mars 1844 ; arrêt du 23 avril 1844 ; 22 novembre et
29 novembre 1851 ; Pardessus, *Servit.*, n° 25 ; Proudhon, *du Domaine*, t. 4 ; Garnier, *Rég. des eaux*, t. 1ᵉʳ,
n° 118 ; Dav., t. 2, n° 610.)

XLIV.—Cette question de légalité est sans intérêt
vis-à-vis des usines postérieures à 1790. Nous avons vu
que ces usines ne sont concédées par l'administration
qu'avec la clause de non-indemnité. Leur existence
est donc tout à fait précaire ; une circonstance quelconque peut en amener la suppression.

XLV.—Le principe de l'indemnité admis, comment
doit-on calculer cette indemnité ? Doit-on, dans l'éva-
luation, tenir compte des changements qui ont pu être
apportés depuis 1790 aux ouvrages extérieurs ou inté-
rieurs, soit sans autorisation, soit même avec autorisation ?

La loi se tait sur les changements à apporter à l'état
des établissements autorisés. Mais il demeure évident
que les motifs d'intérêt public, qui ont fait soumettre
à la nécessité d'une autorisation préalable toute entreprise sur les cours d'eau, s'appliquent à toute modification susceptible d'altérer le système autorisé ; de là,

que l'autorisation ne sera indispensable que pour les modifications susceptibles d'influer sur le régime des eaux.

Pour tous autres changements faits en vue d'augmenter le travail utile de l'usine, le propriétaire n'aura
point à s'inquiéter d'une autorisation; il pourra même
changer la destination de son usine, par exemple
transformer un moulin à foulon en moulin à farine.
(Ordon. du 29 avril 1839; Garnier, *Rég des eaux*;
instructions du 19 thermidor an VI; décret du 24 mai
1851; Leblanc, 27 août 1857.)

XLVI.—Cette solution a été consacrée par le Conseil
d'État dans un arrêt remarquable du 29 novembre
1851 (Rouyer), en ce qui concerne les changements
apportés dans l'intérieur de l'usine.

Nous ne pouvons nous dispenser de rapporter les
hautes raisons données dans cette espèce par le commissaire du gouvernement :

« En principe, a-t-il dit, et sauf les dispositions
« spéciales qui concernent certains établissements, par
« exemple, les établissements insalubres, l'administra-
« tion, lorsqu'elle accorde une permission d'usine sur
« un cours d'eau, ne réglemente que le régime et l'u-
« sage des eaux; elle ne réglemente pas l'industrie.
« Le principe contraire ne serait pas seulement erroné
« en droit, dans l'état actuel de notre législation, il
« reposerait en outre sur une doctrine non moins
« erronée, non moins funeste en économie politique
« et en administration.

« En d'autres termes, *une fois que le régime hydrau-*
« *lique d'une usine est fixé, l'usinier demeure maître*

« *et libre chez lui;* il a le droit de tirer tel parti qu'il
« juge utile de la force qui lui a été concédée, et dont
« l'usage extérieur a été réglé ; il peut appliquer cette
« force dans l'intérieur de son usine, à tel objet, à tel
« emploi que bon lui semble ; l'administration n'a, en
« principe, rien à y voir, parce qu'elle n'y a, en prin-
« cipe, aucun intérêt au point de vue des idées géné-
« rales qui servent de bases, de règles et de limites à
« son action. La liberté relative, sans doute, mais
« réelle et large pourtant, qui est essentielle à l'indus-
« trie, serait incompatible avec un autre système, avec
« le régime de l'intervention administrative dans la
« vie intérieure des usines; ce régime dégénérerait
« fatalement en tracasseries également dommageables
« à l'industrie et à l'administration elle-même ; car il
« ne faut jamais oublier que l'un des plus sûrs moyens
« de compromettre même les attributions légitimes et
« nécessaires d'un pouvoir, d'une autorité quelconque,
« *c'est de vouloir les exagérer.* »

XLVII. — Par une raison qui s'explique peu, le
Conseil d'État a cru devoir modifier sa solution à l'égard
des changements aux ouvrages extérieurs, alors même
que ces changements auraient été faits sans modifier en
rien le volume des eaux auxquelles l'usinier a droit.

Il refuse de tenir aucun compte de la privation des
avantages résultant de ces changements. C'est ce qu'il
décide formellement dans deux arrêts importants en
matière de cours d'eau non navigables, 21 novembre
1851 et 29 novembre 1851.

Il ne doit être alloué selon lui à titre d'indemnité

que la somme représentative des dommages que l'usinier eût éprouvés, si les ouvrages extérieurs de son usine étaient restés exactement dans l'état où ils se trouvaient en 1790.

Cette décision, il faut en convenir, est peu en harmonie avec la faveur que l'on accorde toujours à l'industrie; rien ne la justifie; elle est, de plus, contraire à l'esprit de la loi, qui ne désire et ne veut que le maintien du règlement d'eau déterminé par les concessions, et n'entend nullement fixer l'emploi que l'usinier peut faire de la force motrice.

XLVIII. — Toutefois, dans un arrêt plus récent, du 5 juillet 1855, le Conseil a, contrairement à cette doctrine, reconnu que l'on *devait tenir compte* pour le règlement de l'indemnité *des changements extérieurs, même* autorisés sous la clause de non-indemnité, du moment que ces changements, *sans accroître la force motrice de l'usine faisaient de cette force un emploi plus utile.*

« Considérant, dit cet arrêt, que, sans accroître la
« force motrice dont disposait le moulin, elles (les
« modifications) ont eu pour résultat de mieux utiliser
« la même force ; que, si cette amélioration dans l'ex-
« ploitation de la force ancienne était soumise, à raison
« des travaux extérieurs qu'elle exigeait, à la néces-
« sité d'une autorisation, elle ne peut néanmoins être
« considérée *comme constituant une nouvelle prise d'eau,*
« qui aurait été concédée par l'ordonnance et qui
« serait susceptible dès lors d'être retirée sans indem-
« nité ; *que, dès lors, c'est à tort* que le Conseil de pré-
« fecture *a refusé de tenir compte de l'augmentation de*

« *force utile qui résulte* des changements apportés aux
« roues et aux coursiers. »

XLIX. — La légalité des usines, autrement dit leur
possession, à titre de propriété établie, il reste à décider à qui appartient l'appréciation du titre de propriété;
quelle autorité en doit déterminer la portée, l'étendue.

D'après un principe général, l'autorité administrative a seule le droit *d'apprécier* ou *d'interpréter les actes
de l'administration.*

Mais ce droit est-il exclusif du droit qu'a l'autorité
judiciaire de connaître du titre en lui-même, de déterminer l'étendue des droits que confère ce titre ?

Le Conseil d'État insiste pour faire reconnaître cette
exclusion; mais rien ne serait plus contraire au bon
sens et à l'esprit de la loi.

Le titre de propriété, en effet, existe indépendam-
ment de l'autorité administrative; il existe même
contre elle; elle ne peut y toucher. Reconnaître à
l'autorité un droit d'interprétation qui pourrait aller
jusqu'à fixer le mérite et la valeur du titre de propriété,
ce serait permettre la destruction du titre lui-même;
car son étendue, sa force, les avantages y attachés dé-
pendraient de l'appréciation qu'il plairait à l'administration de lui donner. Évidemment rien n'est moins
conforme à la loi qu'un pareil système. L'empiétement
sur les attributions du pouvoir judiciaire serait ma-
nifeste.

Il faut donc tenir pour certain que, si, à la vérité, un
principe général attribue à l'autorité administrative
un pouvoir d'appréciation, ce pouvoir ne peut, saine-

ment entendu, s'étendre qu'à la jouissance des avantages résultant des droits concédés dans leur rapport avec l'intérêt général, et pour les régler par voie de police.

La loi du 16 septembre 1807 nous semble d'ailleurs très-explicite sur l'étendue de ce droit d'interprétation et repousse toute équivoque.

Dans son titre X, où elle traite des attributions des commissions chargées du contentieux des travaux publics, elle déclare, art. 47 :

« Que ces commissions ne pourront, en aucun cas, « *juger les questions de propriété sur lesquelles il sera* « *prononcé par les tribunaux ordinaires.* »

Ainsi, l'autorité administrative doit s'interdire toute interprétation abusive, et s'abstenir de tout jugement sur le mérite du titre. Ce principe a été très-heureusement appliqué par un arrêt de cassation du 21 mai 1851. (Dumont et consorts contre le préfet de l'Eure.)

Il s'agissait de savoir si le titre de propriété s'étendait à la force motrice. Le préfet contestait et opposait l'exception d'incompétence, revendiquant pour l'administration le droit exclusif d'interprétation du titre sur ce point. Mais la Cour rejeta cette exception.

« Attendu, dit-elle, que le § 2 de l'art. 48, en pres-
« crivant l'examen de la question de savoir si l'établis-
« sement de l'usine est légal, et s'il est soumis à telle
« ou telle condition, n'a pas entendu nier la compé-
« tence attribuée par l'art. 47 à l'autorité judiciaire,
« mais qu'il a voulu seulement poser des règles de
« décisions obligatoires, selon les cas pour les tribunaux
« comme pour l'administration ;

« Que l'appréciation *du mérite et de l'effet des actes*
« sur *lesquels repose l'établissement des usines* dont
« s'agit *constitue précisément la question du fond*, qui,
« en engageant la question de propriété, ne peut ap-
« partenir qu'aux tribunaux;.... »

L. — Cette décision échappe à toute critique, car
elle s'appuie sur un principe formel, puisé dans la loi
spéciale à la matière; elle fixe un point de jurisprudence d'un grand intérêt. Néanmoins le Conseil d'État
n'en persiste pas moins dans une jurisprudence opposée. Il revendique, à la faveur du droit qu'il a d'interpréter les actes administratifs, le droit d'être juge
du titre de concession; il arrive ainsi, par l'abus, à
empiéter sur les droits réservés exclusivement par l'article 47 à l'autorité judiciaire.

C'est de la sorte qu'à l'égard de la force motrice,
pour conclure à sa compétence, il déclare, d'une part,
que la pente du cours d'eau n'est point susceptible de
propriété privée; de là que la force inhérente à cette
pente ne peut constituer un élément de propriété;
d'autre part, que l'autorité administrative concédant
cette force, c'est l'autorité seule qui doit apprécier le
mérite de cette concession et les affectations qu'elle
peut subir. (Ordon. du 23 août 1806; arrêts de 1833,
28 mai 1852, 27 août 1857, Marchand.) Ce sont là des
motifs beaucoup plus spécieux que fondés. D'abord il
n'est pas exact de dire que la pente des cours d'eau est
res nullius. Quel autre, en effet, que le propriétaire du
fonds traversé par le cours d'eau peut user de cette
pente? Lui seul peut approprier le cours d'eau à sa

convenance, selon les besoins de son industrie; il est maître de changer le lit, *d'augmenter ou de diminuer cette pente.* Comment dès lors ranger cette pente dans la classe des choses dites *res nullius* et dont l'usage est commun à tous?

«Le propriétaire, dit un arrêt du 27 novembre 1809,
« possède la pente par cela seul qu'il possède le ter-
« rain sur lequel elle se trouve, cette pente est un ac-
« cessoire inhérent à la propriété du lit. » (V. Daviel, t. 2, p. 44; Tarbé, *Dict. des travaux pub.*, v° MOULIN; Cormenin, *Quest. administ.*, 3ᵉ édition, t. 2, p. 26; Projet de loi, 1835; Rouen, 13 janvier 1840.) Quant à la concession, elle ne peut fonder la compétence de l'autorité administrative par cela seul qu'elle émanerait d'elle. Il n'y a pas, à proprement parler, du reste, de concession; l'autorité ne confère pas un droit; elle intervient pour «régler, par voie de police, un droit
« préexistant; c'est là tout son rôle. » On ne peut donc, de cette intervention, conclure à la compétence.

Le Conseil d'État semble, du reste, avoir été entraîné dans cette voie par la préoccupation de cette idée que l'autorité administrative était mieux placée pour apprécier les questions relatives aux concessions. Mais cette raison fort contestable ne peut suppléer au droit qui est au-dessus de toutes les considérations.

LI.— Nous avons épuisé l'étude des principes. Nous allons voir, dans une troisième et dernière partie, les conséquences du détournement des eaux de la Somme-Soude, au point de vue des divers intérêts engagés.

TROISIÈME PARTIE

LII. — Il existe deux modes principaux d'appropriation des eaux de la Somme-Soude : ses eaux servent au roulement d'usines importantes, et à l'arrosement de prairies et de vallées très-étendues.

Il y a donc deux classes d'intérêts engagés dans ce projet : ceux de l'usinier qui puise dans le cours d'eau la force motrice qui met en mouvement son moulin, et ceux de l'agriculteur qui puise dans la molécule d'eau absorbée par l'irrigation le principe de la fécondité de ses terres.

Ces intérêts distincts mettent en mouvement toutes les questions que nous venons d'examiner relativement aux cours d'eau non navigables.

A l'égard de l'usinier, il faudra rechercher si son établissement a une existence légale ; quelle est l'étendue de son titre, et à quelle autorité appartiendra la connaissance de l'indemnité.

A l'égard du riverain la question deviendra plus simple. Jusqu'alors ce riverain usait des eaux dans l'intérêt de son fonds ; mais, par l'exécution du projet, il va se trouver privé d'un élément constitutif de la valeur de ce fonds. Avec la perte de cet élément, le fonds perdant le principe de sa fécondité, deviendra à peu près stérile dans les mains de l'agriculteur.

Dans ce cas nous aurons donc seulement à décider si le riverain a un droit de propriété sur l'eau comme *force fécondante* de son fonds; et si la privation, soit totale, soit partielle, de cette force n'équivaut pas, dès lors, à une expropriation de la compétence du jury.

LIII. — Avant d'exposer les conséquences diverses du détournement de ces eaux vis-à-vis de l'usinier et du riverain, nous devons toucher une proposition principale dans l'espèce, et nous demander s'il peut y avoir application des principes de la loi de 1841, alors qu'il ne s'agit pas du Domaine public, mais de l'intérêt d'une commune.

LIV. — L'expropriation, d'après la loi de 1841, est l'aliénation forcée en faveur de l'État ou d'une localité du droit de propriété, ou seulement de la jouissance d'un immeuble pour un objet d'utilité publique.

C'est là une dérogation à ce principe absolu : *que nul ne peut être privé de sa chose.* Mais en dérogeant ainsi à ce principe, cette loi a respecté la garantie de la propriété renfermée dans l'art. 545 du Code Napoléon.

Cet article exige que la dépossession *soit justifiée par une raison d'utilité publique.* Aussi une loi doit-elle consacrer cette nécessité publique en même temps qu'elle impose au particulier le sacrifice de son droit.

En présence du principe de cette loi, et considérant le projet en lui-même, pouvons-nous dire que l'on y trouve cette cause d'intérêt public, nécessaire pour exiger de 25,000 habitants, le sacrifice de leurs droits de propriété et de jouissance ?

Aucune raison semblable n'apparaît.

Sans doute, ce projet emprunte à la localité qui est appelée à en profiter une grande importance ; la situation de la commune de Paris, il faut le reconnaître, est exceptionnelle. Mais quelle que soit, ce nous semble, cette importance que nous examinerons plus tard, il ne s'agit toujours que de l'intérêt d'une commune, et non du Domaine public.

LV. — D'un autre côté, où une commune puise-t-elle le droit de requérir dans son propre intérêt l'expropriation d'immeubles situés en dehors de son territoire ?

La loi de 1841, aussi bien que les principes sur l'organisation générale du pays, s'opposent à un pareil fait.

D'une part, en effet, et d'après les principes généraux d'organisation, l'action administrative d'une commune est limitée par sa circonscription territoriale.

L'institution des circonscriptions est l'œuvre de la loi. Ces circonscriptions ont été ainsi constituées par la puissance législative, pour permettre à la loi d'exercer son empire avec plus d'harmonie ; pour assurer l'ordre dans l'exercice des juridictions. Elles sont devenues aussi la base de l'organisation politique. Les pouvoirs délégués aux agents communaux et départementaux ne doivent et ne peuvent être exercés que dans l'étendue de cette circonscription.

C'est dans cette division territoriale que « l'on trouve

« véritablement la ligne visible et matérielle de la
« compétence de toute autorité, soit administrative,
« soit judiciaire. »

D'où il suit que tout fait d'extranéité territoriale constituerait une usurpation de pouvoir, et demeurerait sans effet légal. *Extra territorium jus dicenti impune non paretur.* (L. 20, ff. *de Juridictione;* lib. 2, tit. 1ᵉʳ.)

La loi de 1790, à laquelle se réfèrent les lois nouvelles, a pris soin de déterminer ces attributions générales.

Il résulte évidemment de là que la commune, pour tous ces actes, doit se renfermer dans ce qui est prescrit par les lois d'organisation et d'attribution. Libre pour tout ce qui touche à son régime intérieur, son pouvoir cesse quand il s'agit, non plus d'une affaire d'intérêt communal, mais d'un objet d'intérêt général et politique.

Dans ce dernier cas, c'est au gouvernement à intervenir, car l'administration générale est engagée.

Dès lors comment justifier le droit que la commune de Paris revendique, et en vertu duquel elle entend déposséder des individus étrangers à sa juridiction par leur personne et par leurs biens immeubles?

Lui reconnaître un pareil droit ne serait-ce pas porter une atteinte funeste au système pondérateur de tous les pouvoirs communaux, et faire naître une cause de perturbation perpétuelle dans le système administratif?

D'autre part, on doit se rappeler que la haute administration n'agit que dans des vues d'intérêt général ou collectif.

Ces deux intérêts, dignes tous les deux de la faveur de la loi, ont des effets qui se trouvent réglés d'une manière bien différente par le législateur, à raison même de la profonde différence qui existe entre eux.

L'intérêt collectif, qui ne représente jamais qu'une fraction de l'intérêt public, dont la cause se **rattache** immédiatement à l'intérêt d'une contrée ou d'une commune, est en présence de l'intérêt public comme un intérêt individuel. Il se produit sous des formes diverses, et trouve autour de lui la raison et les éléments de ses besoins. Il exerce sa loi sur une corporation d'individus, ou encore sur une masse d'habitants d'une même contrée.

Au delà il s'arrête et doit s'arrêter, sous peine de porter préjudice à un autre intérêt collectif, qui a sa raison d'être dans d'autres besoins, et qui est lui-même indépendant.

L'intérêt public, au contraire, exerce sa loi sur tous. Il n'est pas circonscrit à telle ou telle commune ou contrée ; les autres intérêts, soit privés, soit collectifs, doivent s'abaisser devant lui.

Sa cause se rattache à l'intérêt du plus grand nombre, répandu sur toutes les divisions territoriales.

LV *bis*. — La loi de 1841 n'a point perdu de vue les caractères si distincts de ces deux intérêts. Elle a très-sagement réglé l'étendue des sacrifices à imposer à la propriété suivant la classe de l'intérêt engagé.

En présence de l'intérêt d'une contrée, d'une commune, elle a imposé le sacrifice aux intérêts privés réunis dans cet intérêt collectif ; mais jamais elle n'a entendu sacrifier un intérêt collectif pour le profit exclusif d'un autre intérêt du même ordre. L'intérêt collectif ne doit céder que devant l'intérêt général.

D'ailleurs, à côté du sacrifice, il y a le bienfait du sacrifice ; et ce bienfait, par cela qu'il est aussi collectif, s'étend à ceux-là mêmes qui ont participé au sacrifice.

La privation que les individus éprouvent personnellement dans leurs biens est donc compensée, dans une certaine mesure, par l'avantage qui résulte du sacrifice, et dont ils sont appelés directement ou indirectement à profiter comme membres de la collection.

Il en est de même quand l'intérêt public est en mouvement, excepté que le sacrifice est obligatoire pour tout intérêt collectif et privé.

Interpréter autrement l'esprit de la loi de 1841, ce serait méconnaître son économie ; ce serait placer l'abus sous le patronage de l'idée si juste que renferme cette loi, et arriver à la négation de la propriété.

LVI. — Le projet en question nous montre que ces principes n'ont point été aperçus. Il ne tend qu'à un seul but : doter une grande commune d'un établissement spécial propre à elle seule. Pour atteindre ce but, il propose l'asservissement d'autres intérêts indépendants et aussi légitimes que celui de cette grande commune.

Qui devra prévaloir dans cette lutte de ces deux intérêts collectifs, si étrangers, si légitimes et si différents dans leur manifestation ?

Est-ce la loi ou le caprice ?

Si le fait devait l'emporter sur la loi, qui donnerait désormais la sécurité aux autres intérêts ?

Que deviendraient la garantie de la propriété assurée par l'art. 545 du C. N., et ces précautions si sages, prises par la loi de 1841 pour ménager cette garantie.

LVII.—Un autre reproche que l'on peut adresser au projet, c'est sa tendance à assimiler l'intérêt de la commune de Paris à l'intérêt public.

Mais, tout en reconnaissant la position exceptionnelle de cette grande ville, on ne peut cependant attacher à cette position des prérogatives qui ne sont point dans la loi. Cette assimilation existe-t-elle? cette ville cesse-t-elle d'être une commune, par la raison qu'elle est le siége du gouvernement, et que, sous ce rapport, des modifications ont dû être apportées à son régime intérieur? Enfin les principes d'administration municipale cessent-ils de lui être applicables?

Voyons ce qu'est dans la loi la commune de Paris.

L'idée de soumettre Paris à un régime administratif spécial appartient à la Constituante ; mais son organisation légale ne date que de la loi des 21 mai et 27 juin 1790.

Cette loi établit pour Paris un Conseil général de 144 membres, 48 sections, chacune avec son président, son commissaire de police, ses commissaires de section, son assemblée particulière ; toutes ces autorités sont élues par les sections.

Les lois des 11 août, 12 août 1792 , 30 septembre 1792, vinrent augmenter les terribles moyens d'action et de surveillance attribués déjà à la Commune et aux sections, et la rendirent libre et indépendante vis-à-vis du département. De là elle s'érigea en rivale de la

Convention , se servant de l'insurrection contre les décrets de celle-ci. Ces décrets amenèrent pour elle la perte de ses pouvoirs. Le Directoire s'occupa d'affaiblir cette grande municipalité en la fractionnant en douze municipalités (art. 2, 3 et 4, loi du 19 vendémiaire an IV sur l'organisation de l'administration).

Le Consulat maintint.le principe de ce régime spécial, et en posa les bases dans la loi du 28 pluviôse an VIII.

Vint la loi du 21 mars 1831, qui annonça une loi spéciale d'organisation ; cette loi ne fut rendue que le 20 avril 1834.

Dans son titre 3, art. 11 et 13, elle donne à la ville de Paris un conseil général électif de département, dont trente-six membres font aussi fonction de conseil municipal. Elle lui donne, pour chacun des arrondissements, un maire et des adjoints nommés par le roi sur une liste de candidats et toujours révocables.

Rien n'est modifié quant à l'institution du préfet de département et du préfet de police, telle qu'elle résulte de la loi du 28 pluviôse an VIII et de la législation postérieure.

L'administration est partagée entre deux préfets. Les fonctions attribuées aux maires dans les autres villes y sont généralement exercées par le préfet de police et par le préfet du département.

Les fonctions du préfet de police sont déterminées par des règlements exprès (arrêté du 12 messidor an VIII, 3 brumaire au IX) ; le préfet du département a retenu toutes les attributions qui n'ont pas été déférées au préfet de police ; et les maires n'ont conservé qu'un petit nombre de fonctions spéciales, qui leur sont expressément laissées, et notamment pour les actes de l'état-civil.

Cette organisation a depuis éprouvé peu de modifications. Le 3 juillet 1848, la Constituante annonça une nouvelle loi spéciale d'organisation, et ordonna l'institution d'une commission municipale. La composition de cette commission fut ensuite modifiée par un décret du 8 septembre 1849. Cette commission, nommée par le chef de l'État, fut chargée des fonctions du conseil général et du conseil muincipal.

Telle est, dans son organisation et dans ses attributions, la ville de Paris.

Le décret sur l'extension des limites de cette ville n'a point changé les principes de cette organisation, ni de ces attributions. Ces principes ont reçu seulement dans leur application un développement plus grand.

LVIII. — Mais en donnant ainsi à la commune de Paris cette organisation spéciale, quelle a été la pensée véritable du législateur ?

On ne peut nier que ces lois ne portent en elles le cachet de la situation et des événements révolutionnaires qui les ont fait naître.

L'histoire vient ici éclairer la loi.

En l'an IV, la commune de Paris dominait tous les pouvoirs ; ses tentatives étaient une cause perpétuelle de lutte et de péril pour l'État. Il fallait arrêter et prévenir ces tentatives, en retirant à cette commune les terribles pouvoirs dont elle avait tant abusé, et lui enlever toute initiative d'action, soit pour le désordre, soit pour la répression.

Ce but fut atteint par la loi du 12 messidor an **VIII**, qui plaça le préfet de police sous l'autorité immédiate du ministre de l'intérieur, chargé spécialement de la police du pays, de la surveillance et de la direction de la force publique.

Les lois et décrets qui suivirent n'apportèrent à cette organisation que des légères modifications indiquées par des besoins politiques.

Ainsi, c'est une raison d'intérêt politique qui a nécessité, pour la commune de Paris, le retrait d'une attribution toute municipale.

Cette exception a été également étendue à d'autres villes. La loi du **19** vendémiaire an **IV** étend cette exception aux villes de Lyon, Marseille et Bordeaux.

Lyon, plus particulièrement, a depuis fixé l'attention du législateur. La loi du 19 juin 1851 et le décret du 24 mars 1852 ont créé pour cette ville une organisation spéciale, analogue à celle de Paris.

Là encore une nécessité politique réclamait cette mesure d'exception.

D'après cela, comment faire ressortir de cet état de choses cette conséquence que les intérêts de la commune de Paris doivent être assimilés à l'intérêt public?

S'il a paru bon au législateur, et cela dans un intérêt public de premier ordre, d'enlever aux villes de Lyon et de Paris une de leurs attributions municipales, est-ce à dire qu'elles ont perdu leur caractère de cités;

qu'elles sont dessaisies de leurs autres attributions ; qu'elles ont, en un mot, perdu leur vie municipale pour devenir une dépendance de l'État?

LIX.—Ainsi, pour nous résumer sur les différentes questions qui précédent, nous remarquons, en premier lieu que, l'exception apportée par la loi de 1841 au principe de l'inviolabilité de la propriété a sa cause dans un motif d'utilité publique, et ne peut être étendue en dehors de la cause qui l'a fait naître ; en second lieu que, dans l'espèce, la cause d'utilité publique n'existe pas, qu'il s'agit seulement des besoins d'une collection d'individus, besoins purement locaux et qui ne peuvent affecter les intérêts d'une autre collection d'individus, dignes comme ceux-là de la protection de la loi ; qu'admettre la prééminence d'un intérêt collectif au détriment d'un autre intérêt semblable, ce serait violer les principes généraux du droit et de l'équité, et jeter la perturbation dans les règles d'attributions et d'organisation.

Enfin nous voyons que rien ne justifie l'assimilation que l'on prétend exister entre l'intérêt de la ville de Paris et l'intérêt public. Cette commune conserve son individualité ; sans doute, elle est soumise à un régime exceptionnel, mais ce régime exceptionnel a sa cause dans la privation unique de ses attributions de police, nécessitée par une raison purement politique.

LX.—Maintenant, et c'est par là que nous allons terminer, admettons qu'on puisse considérer comme d'utilité publique le détournement de la Somme-Soude, quelles seront les conséquences de ce détournement :

1° à l'égard du cultivateur riverain ; 2° à l'égard des propriétaires d'usines ?

Quant au riverain, disons-le de suite, le détournement sera équivalent à une dépossession *de privato in publicum*.

En effet, comme propriétaire du fonds qui borde le cours d'eau non navigable, il a le droit de *se servir* de l'eau à son passage pour l'irrigation de ses terres ; comme propriétaire du sol traversé par le cours d'eau, il a le droit d'*en user*. *Cet usage*, ainsi que nous l'avons vu en traitant plus haut des cours d'eau non navigables, *n'est pas exclusif de son droit de propriété*. Ces eaux courantes sont de leur nature des propriétés communes à tous ceux dont elles bordent ou traversent le fonds. Tous y ont un droit égal et proportionnel ; mais comme toute propriété est réglementée plus ou moins selon sa nature, *le législateur*, adoptant des mesures plus favorables au progrès de l'industrie, et plus conformes à la nature de cette propriété, *a*, par l'art. **644**, *voulu aussi réglementer l'exercice du droit du riverain*. (V. motifs et discussion sur cet article.)

Nul autre donc que le riverain ne peut prétendre à la jouissance de ces eaux.

Il tient son droit de la loi et ne peut en être dépouillé que pour des raisons d'intérêt général, et suivant les formes judiciaires.

Or, d'après le projet, la dérivation des eaux de la Somme-Soude aura pour résultat direct et immédiat d'anéantir le droit du cultivateur riverain ou du moins d'en diminuer l'étendue.

Il va s'opérer une réduction certaine dans le volume des eaux , et cette réduction entraînera forcément une diminution dans l'élément fécondant que le riverain tire de l'eau. De là pour le riverain une perte foncière; car cette eau qui pénètre le sol, l'arrose, le féconde, qui se fait l'élément de vie et de production agricole, constitue une partie intégrante de sa propriété.

On devra donc considérer la privation pour le riverain de cette force fécondante comme une dépossession de son droit de propriété, et, comme cette dépossession serait réclamée, dans notre hypothèse, au nom et au profit d'un intérêt public, qu'elle s'opérerait *de privato in publicum*, le jury seul se trouverait compétent pour connaître de l'indemnité.

Nous trouvons dans une ordonnance du Conseil, du 7 août 1843 (Blanc), la confirmation de ce principe; cette ordonnance vise les lois des 28 pluviôse an VIII, 16 septembre 1807; l'art. 644 C. N. et déclare « que « l'indemnité réclamée par suite de la privation du « droit exercé conformément à l'art. 644 C. N. ne « peut être appréciée que par l'autorité judiciaire. »

LXI. — Quant à l'usinier, y a-t-il une distinction à faire? Oui, si l'on décide d'après la jurisprudence du Conseil d'État; non, si l'on consulte les véritables principes du droit.

Il est certain que, pour l'usinier comme pour le riverain, il y a diminution sinon enlèvement d'une force inhérente à l'eau, que tous deux utilisent en vertu d'un droit qu'il tiennent de la loi, et que l'attribution qui en est faite au Domaine public constitue vis-à-vis d'eux une expropriation dans la véritable acception du mot.

Nous renvoyons, du reste, pour ce qui touche cette question, aux explications que nous avons données dans la deuxième partie. Nous n'entendons ici qu'indiquer la condition des usines d'après l'état de la jurisprudence actuelle du Conseil.

Les usines n'existent qu'en vertu d'une concession. La première question à décider sera donc celle de leur existence légale. Il faudra bien distinguer entre celles antérieures ou postérieures, quant à leur origine, à 1789. Pour les premières, la légalité de leur existence pourra résulter de toutes pièces, titres, reconnaissances, et même de la longue possession. Pour les autres, il faudra rechercher si l'acte de concession ne contient pas une clause de non-indemnité pour les cas semblables à celui qui nous occupe.

L'admission d'une pareille clause serait pour le propriétaire une cause d'exclusion absolue de tout droit à une indemnité.

Quant à l'appréciation du titre de concession et du droit qu'il confère, nous avons vu que, contrairement à ce qui est admis par la doctrine et une ancienne jurisprudence, le Conseil d'État décide que ce droit ne peut être étendu à la force motrice utilisée par ces usines ; de telle sorte que cette force venant, par l'exécution du projet, à être restreinte ou diminuée ou anéantie, il n'y aura lieu pour le propriétaire d'usines qu'à une *action en dommages*, de la compétence des tribunaux administratifs.

Rappelons également, comme autre conséquence rigoureuse et non moins arbitraire, admise par le Conseil d'État, que l'usinier ne pourra se prévaloir des changements extérieurs apportés à l'usine dans le seul but de mieux utiliser la force motrice, et bien que cette force n'ait pas été accrue.

Rien ne serait plus désirable que de voir cette jurisprudence se modifier et se rapprocher de la doctrine générale.

L'occasion s'offre aujourd'hui pour les individus de provoquer ce retour à des principes plus conformes à la loi, en même temps qu'ils sont plus en harmonie avec leurs besoins, et qu'ils leur offrent plus de garantie. *In legibus salus.*

TABLE DES MATIÈRES

PRŒMIUM.

PREMIÈRE PARTIE.

THÉORIE DES EAUX COURANTES.

DEUXIÈME PARTIE.

COMPÉTENCE EN MATIÈRE DE COURS D'EAU.

TROISIÈME PARTIE.

CONSÉQUENCE DU DÉTOURNEMENT DES EAUX DE LA SOMME-SOUDE AU POINT DE VUE DES DIVERS INTÉRÊTS ENGAGÉS. — DEUX CLASSES D'INTÉRÊTS ENGAGÉS.

PARIS. — IMPRIMÉ CHEZ BONAVENTURE ET DUCESSOIS,
55, QUAI DES GRANDS-AUGUSTINS.